FAITES VOS JEUX

Jeux d'intérieur

Texte de M. Sanders et K. Crocker

Illustrations de C. Stowell

Adaptation de Isabelle Texier

nathan

L'ACROBATE

Pour faire cet acrobate multicolore,
il te faut :

- du papier calque
- du carton
- des crayons ou des peintures
- des ciseaux
- 4 attaches parisiennes
- un bâton de glace
- du papier adhésif

1. Reproduis sur le carton les bras et les jambes de l'acrobate.
Colorie-les, coupe-les et fais des trous avec une perforatrice.

2. Fixe les bras et les jambes avec les attaches, ce qui leur permettra de bouger.
Attache le bâton à l'arrière de l'acrobate avec le papier adhésif.

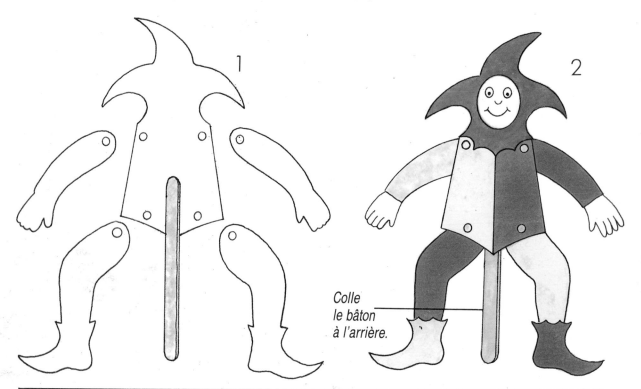

Colle
le bâton
à l'arrière.

À L'ATTENTION DES PARENTS : LES ACTIVITÉS DE CE LIVRE SONT CONÇUES POUR ÊTRE RÉALISÉES ENSEMBLE PAR LES ENFANTS ET LES PARENTS.

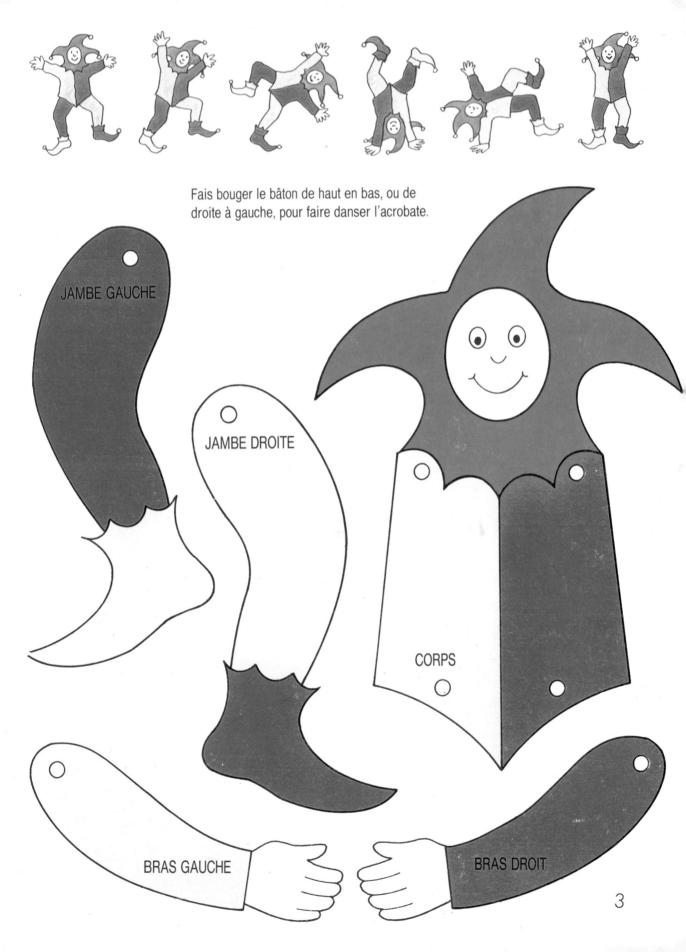

Fais bouger le bâton de haut en bas, ou de droite à gauche, pour faire danser l'acrobate.

JAMBE GAUCHE

JAMBE DROITE

CORPS

BRAS GAUCHE

BRAS DROIT

3

BULLES GÉANTES

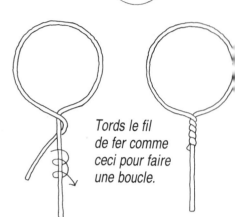

Pour faire de grosses bulles, il te faut :
- Un quart de litre d'eau
- 2 cuillerées à soupe de glycérine
- 2 cuillerées à soupe de produit à vaisselle
- 30 cm environ de fil de fer fin

Demande à un adulte de faire une boucle géante avec le fil de fer, comme sur l'image. Mélange tous les ingrédients dans un grand bol et plonge doucement ton anneau dans le liquide. Ne souffle pas dessus ; promène simplement ton anneau dans l'air et tu verras se former d'énormes bulles.

Tords le fil de fer comme ceci pour faire une boucle.

TOUT CHOCOLAT

Les desserts et les friandises au chocolat sont toujours un régal !
Pour ces 2 recettes, il faut que tu utilises le four, aussi, demande
à un adulte de t'aider.

COUPES DE CRÈME AU CHOCOLAT

- 120 g de chocolat au lait
- 5 abricots secs et 10 amandes
- de la glace

Fais fondre le chocolat au bain-marie dans le four.
Ajoutes-y les abricots et les amandes coupées en
lamelles.
Remplis des moules en papier de ce mélange et laisse
durcir au réfrigérateur. Couronne le tout de glace et
sers immédiatement.

FONDANTS AU CHOCOLAT

- 120 g de chocolat à croquer
- 50 g de beurre
- 2 cuillerées à soupe de lait
- 500 g de sucre glace
- 1 cuillerée à café d'extrait de vanille

Fais fondre au bain-marie le chocolat et le beurre
dans un plat creux allant au four. Éteins le four, ajoute
du lait, du sucre et de la vanille en mélangeant bien.
Dépose des cuillerées à soupe de ce mélange
dans des moules en papier et laisse durcir.

ON SE DÉGUISE !

Tu vas étonner tes parents et tes amis dans ces déguisements amusants.

LUNETTES ET FAUX NEZ

Il te faut 5 cure-pipes, des ciseaux, de la colle et du carton fin.

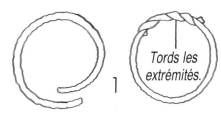

Tords les extrémités.

Dédouble et entortille.

1

1. Pour les montures de lunettes, utilise 3 cure-pipes, comme sur l'image.

2

Nez

4

2. Reproduis les lunettes sur du carton, et découpe-les.

3. Dessine des yeux en couleur, fais de petits trous au milieu, et colle les ronds sur la monture.

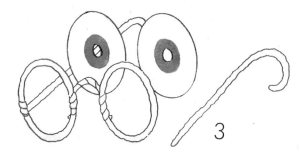

3

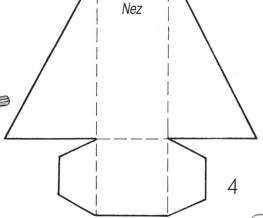

5

4. Dessine un nez sur le carton. Peins-le en couleur chair, plie-le comme indiqué, et colle-le sur les lunettes.

5. Enfin, utilise les 2 derniers cure-pipes pour les branches de lunettes. Courbe les extrémités pour qu'elles s'adaptent sur tes oreilles.

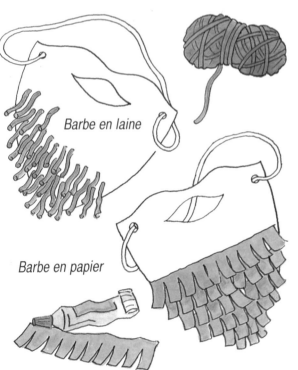

Barbe en laine

Barbe en papier

LA BARBE

Découpe une forme de barbe dans du carton aux dimensions de ton visage. Fais un trou pour la bouche.
Encolle le bas du carton et dépose dessus des bouts de laine ou des franges en papier.
Une fois la colle sèche, fais un trou de chaque côté, et attache un élastique d'une longueur adaptée à ta tête en prenant soin de faire un nœud de chaque côté.

Perruque

LE CRÂNE CHAUVE

Si tu veux avoir un masque de chauve, ramasse tes cheveux sous un bonnet de bain que tu enduis de fond de teint.
Ou encore, demande à un ami de recouvrir le bonnet de colle et d'y appliquer des morceaux de laine ou de papier.

LE MAQUILLAGE

Demande à un adulte si tu peux emprunter du fond de teint. Tu peux aussi acheter du maquillage dans une boutique de jouets ; les fards sont d'un très bel effet. Fais disparaître tes sourcils sous une couche de fond de teint et de poudre, et dessine par-dessus de nouveaux sourcils avec un crayon gras spécial. Tu peux aussi t'en servir pour dessiner des rides, des grains de beauté ou... des cicatrices !

ŒUFS DÉCORÉS

Tu peux prendre un petit déjeuner amusant en transformant des œufs durs en têtes d'animaux ! Dessine des têtes ou des motifs sur les coquilles avant de faire cuire les œufs : l'eau bouillante va fixer les couleurs.

Si tu veux un œuf d'une couleur uniforme, plonge-le 10 à 15 mn dans de l'eau bouillante additionnée d'un colorant alimentaire, ou ajoute une peau d'oignon qui va teindre la coquille en jaune.

Avec des moitiés d'œufs durs, tu feras de charmantes souris à décorer d'amandes pour les oreilles, et de carottes pour les yeux et le nez... ou des voiliers avec une pique à cocktail et un morceau de papier coloré... et même un hérisson avec des morceaux d'allumettes pour piquants.

Décore les œufs avec ton nom ou tes initiales.

JEU DE LA PUCE

Pour ce jeu à 2, il faut 18 jetons ou boutons par joueur. Chacun se sert d'un jeton comme levier pour faire sauter un autre jeton sur le jeu. Valeur des images : dinosaure bleu = 1 ; orange = 2 ; jaune = 3 ; violet = 4 ; rouge = 5 ; Ptérodactyle (animal volant) = 6 . Qui va faire 18 points le premier ?

JARDIN MINIATURE

La moutarde et le cresson sont 2 plantes très faciles à cultiver. De plus, tu peux t'amuser à les faire pousser sous la forme que tu désires. Procure-toi des graines de moutarde et de cresson, et du papier absorbant.

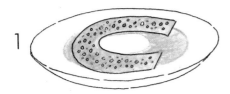

1

1. Plie le papier en 2 et coupe-le selon la forme que tu veux. Place-le dans une assiette et asperge-le d'eau.
Répartis des graines sur toute la surface du papier et installe l'assiette à un endroit bien éclairé. Tu vas pouvoir observer des changements en quelques jours.

2. Pose du coton mouillé ou du papier dans le fond d'une caisse de carton dont tu auras d'abord coupé le haut. Tu peux aussi utiliser une coquille d'œuf vide. Éparpille des graines sur le coton et décore le carton ou l'œuf. Quand la plante sort de terre, elle ressemble à des cheveux verts !

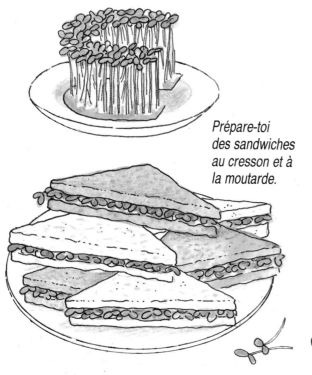

Prépare-toi des sandwiches au cresson et à la moutarde.

2

UNE CABANE

Quel que soit le temps, tu peux toujours construire une cabane chez toi.

Étends des couvertures sur des chaises, des tréteaux ou un escabeau. De vieux cartons aux bords recoupés font facilement des portes et des fenêtres.

Dans une cabane, tu peux te reposer ou t'isoler, mais tu peux aussi inviter tes amis pour le goûter.

11

ENCRE SYMPATHIQUE

Le meilleur moyen d'envoyer des messages secrets à tes amis,
c'est d'écrire à l'encre sympathique, c'est-à-dire invisible.

1. Coupe en deux une orange ou un citron
et plonge une plume neuve ou le bout propre
d'une allumette brûlée dans la pulpe du fruit.

2. Tu peux alors écrire un message
secret. Utilise le dos d'une enveloppe
ou une carte.

Pour lire le message,
il suffit de le tenir
au-dessus d'un radiateur ;
le jus cuit et se colore.

GELÉES
MULTICOLORES

Pour faire ce dessert original, il te faut plusieurs grands verres et 3 paquets de différentes gelées.

Mesure 30 cl d'eau. Verses-en un peu dans une casserole et fais bouillir. Dissous dedans la moitié d'un paquet de gelée, puis ajoute le reste d'eau. Verse le liquide en égale quantité dans 2 verres.

Mets le verre dans un coin du réfrigérateur en position penchée... Quand la gelée est prise, prépare la deuxième couche de la même façon, et laisse durcir.

GLACE AUX FRUITS

Essaie de réaliser cette glace géante. Et si tu aimes beaucoup les glaces, tu pourras ensuite en inventer de toutes sortes.

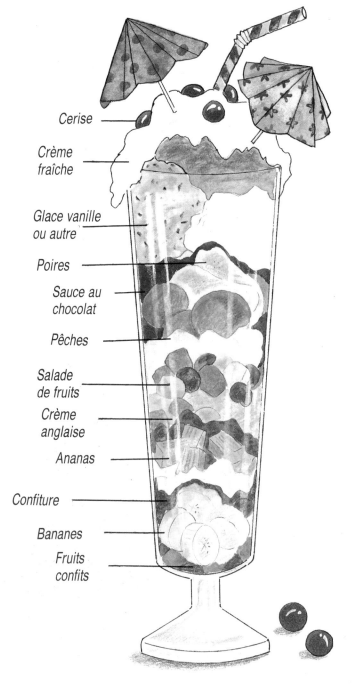

Cerise

Crème fraîche

Glace vanille ou autre

Poires

Sauce au chocolat

Pêches

Salade de fruits

Crème anglaise

Ananas

Confiture

Bananes

Fruits confits

POUR FAIRE L'OMBRELLE

Pour rendre ton cocktail très appétissant, couronne-le d'une ombrelle. Découpe un rond dans un papier à motifs, et suis les images.

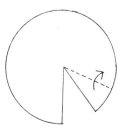

1. Découpe un triangle.

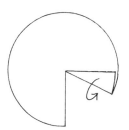

2. Replie le long du pointillé.

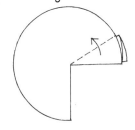

3. Continue à plier pour faire un éventail...

4. comme ceci.

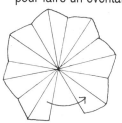

5. Déplie-le et colle les 2 extrémités ensemble.

6. Enfonce au milieu une piqué à cocktail.

BOISSONS CITRON

Que dirais-tu d'une délicieuse boisson glacée un jour de grande chaleur ? Il te faut pour cela 4 citrons, 75 cl d'eau et 150 g de sucre.

1. Presse les citrons après les avoir épluchés. Mets le jus dans un pot avec du sucre.

2. Ajoute les moitiés de citron et laisse reposer au frais.

3. Passe le liquide au chinois. Remplis le verre avec de la glace pilée et de la limonade.

UNE BOISSON D'HIVER

Pour préparer cette réconfortante boisson chaude, il te faut 60 g de farine d'avoine, 1 citron, une cuillerée à soupe de sucre roux et 25 cl d'eau.

Mets le sucre et la farine dans un saladier. Ajoutes-y le jus du citron pressé et les 2 moitiés. Fais bouillir l'eau et mélange le tout en ajoutant un peu d'eau si nécessaire.
Tu peux aussi préparer cette boisson avec des oranges et du miel.

CIEL ! UNE SOURIS !

Il est très facile de transformer de vieilles chaussettes en souris. Bourre la chaussette de morceaux de papier journal chiffonné, puis ferme la chaussette avec un bout de laine qui servira de queue.

Colle des boutons pour les yeux et le nez, ou couds-les avant de remplir la chaussette. Couds aussi des morceaux de feutre pour les oreilles, comme indiqué. Des fils de coton cousus de chaque côté du nez feront de très jolies moustaches.

OREILLES EN FEUTRE

1. Découpe un rond de feutre et encolle la partie indiquée.

2. Rapproche les 2 bords et maintiens fermement jusqu'à ce que la colle sèche.

MOUSTACHES

Couds des fils de coton ou de laine de chaque côté du nez.

JOURNAUX
À DÉCOUPER

Sais-tu que tu peux t'amuser avec un vieux journal ?
Voici quelques idées :

LE CHAPEAU DE PAPIER

Il te faut une double page de journal. Plie-la en 2 comme sur l'image et peins-la de couleurs vives pour faire la fête, ou en noir pour un chapeau de sorcière et décorée d'une tête de mort pour un chapeau de pirate.

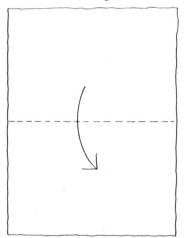

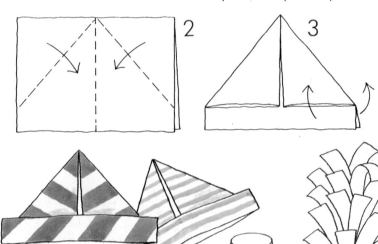

Chapeaux de fête

Tire.

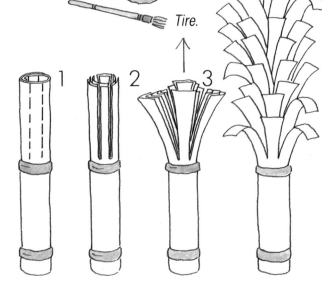

L'ARBRE MAGIQUE

Il te faut une feuille de papier journal, 2 élastiques et des ciseaux.

1. Fais un rouleau serré avec le journal. Glisse un élastique au milieu et un autre en bas.

2. Ensuite, pratique 4 entailles et découpe des franges sur la moitié supérieure du rouleau.

3. Si tu remontes doucement l'élastique du milieu, tu obtiendras un arbre.

PAPIER MÂCHÉ

1. Verse 200 g de farine dans un grand bol.
Mesure 30 cl d'eau que tu ajoutes doucement
à la farine pour en faire une pâte.

2. Enduis l'extérieur du bol de vaseline. Déchire
du papier journal en petits morceaux, trempe-les
dans la pâte et colle-les autour du bol en
superposant les couches.

3. Quand toutes les couches sont presque
sèches, applique-les bien contre la paroi.
Tu peux les peindre de couleurs vives,
et les vernir pour renforcer ce revêtement.

Quand tu seras bien exercé, essaie de trouver
de nouvelles idées à réaliser en papier mâché.

*Regarde ! Voilà des bols transformés
en masques et en animaux.*

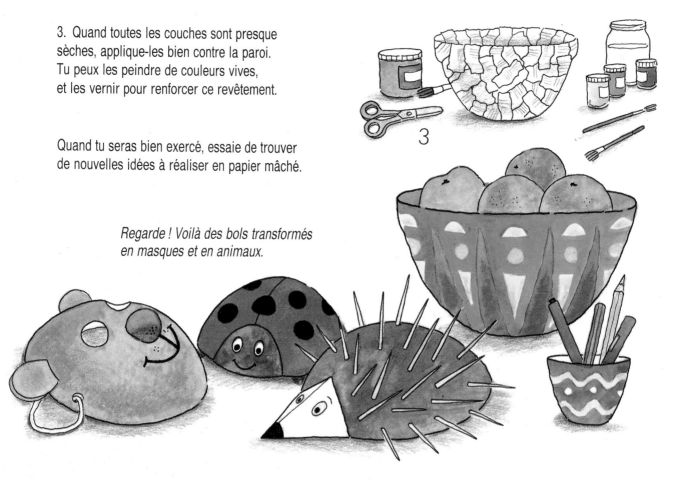

18

TOUT EN DÉPIT DU BON SENS

Choisis plutôt le matin pour tout faire en dépit du bon sens. Par exemple :

■ Mets ton sweat-shirt à l'envers ou le devant de ton pantalon derrière.

■ Dis « Bonsoir » au lieu de « Bonjour ».

■ Assieds-toi à l'envers sur ta chaise au petit déjeuner.

■ Mets sur ta tartine la confiture avant le beurre.

■ Essaie de boire dans ton verre sans le pencher.

■ Prononce des phrases à l'envers.

■ Dis « Non » au lieu de dire « Oui » et « S'il te plaît » au lieu de « Merci ».

Échange ta place avec ton voisin.

BOÎTE AUX LETTRES

Une boîte aux lettres est parfois très utile à l'occasion
des fêtes de famille. Il te faut un grand carton, un plus
petit carton, des peintures et de la colle.

Fente

1

2

3

Porte

1. Replie les rabats du grand carton.

2. Découpe ensuite une ouverture plus petite que celle du petit
carton.

3. Colle les rabats (ouverts) du petit carton sur le grand carton.
Découpe une fente sur le dessus du petit carton, et une porte sur
le grand carton. Puis peins la boîte aux lettres d'une belle couleur.

PRÊTS ? PARTEZ !

Un peu de sport ! Commence par déménager tous les meubles de la pièce. Éparpille ensuite des coussins un peu partout, ainsi que des couvertures et des boîtes en carton. La règle du jeu est simple ! Il faut sauter de coussin en coussin, traverser toutes les boîtes en carton et ramper sous chaque couverture. Le gagnant est celui qui a fait le tour de la pièce le premier. Tu peux inventer à ton tour de nouveaux obstacles, mais, attention ! Ils ne doivent pas être dangereux.

DES ROBOTS DÉLICIEUX

Pour faire un robot bon à manger, il te faut un paquet de pâte d'amande, de la confiture, un colorant alimentaire, des cerises confites et des boules en sucre argentées.

1. Coupe le paquet de pâte d'amande en 2. Mouilles-en une moitié de quelques gouttes de colorant et laisse l'autre moitié naturelle.

2. Maintenant, donne à la pâte des formes diverses comme sur l'image.

3. Colle les différentes parties avec de la confiture et décore avec des cerises et des boules argentées.

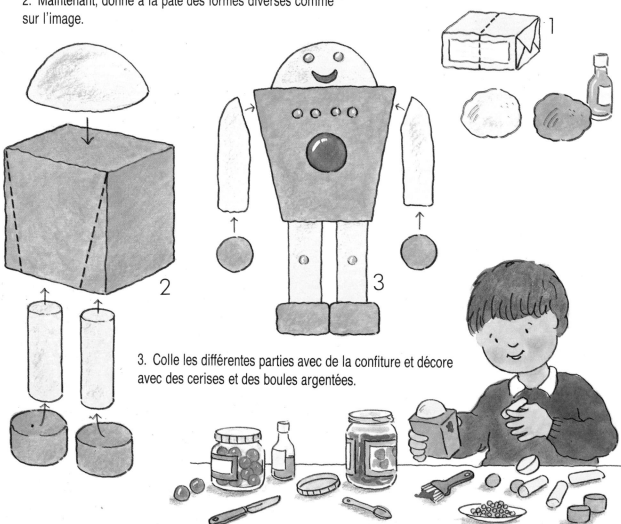

UN CIEL D'ÉTOILES !

Tu vas pouvoir observer les étoiles sans te lever de ton lit ! Découpe dans du papier des étoiles, des météores, des lunes... et demande à un adulte de t'aider à les fixer aux murs et au plafond.

Connais-tu bien la Voie lactée ?
Es-tu capable de placer des étoiles
de façon à ce qu'elles forment
des constellations que tu as déjà vues
dans le ciel ? Par exemple,
la Grande Ourse, la Petite Ourse...

PARCOURS AUTOMOBILE

Qui le premier va faire le tour de la ville ?
Fabrique un jeu comme sur la page ci-contre ;
chacun à son tour fait tourner le disque. Avance
d'autant de cases que tu vois de couleurs,

et suis les instructions du jeu. Si tu atterris sur
un passage protégé, tu dois toujours passer
ton tour. Prends des boutons ou des jetons
ou fabrique-les en carton.

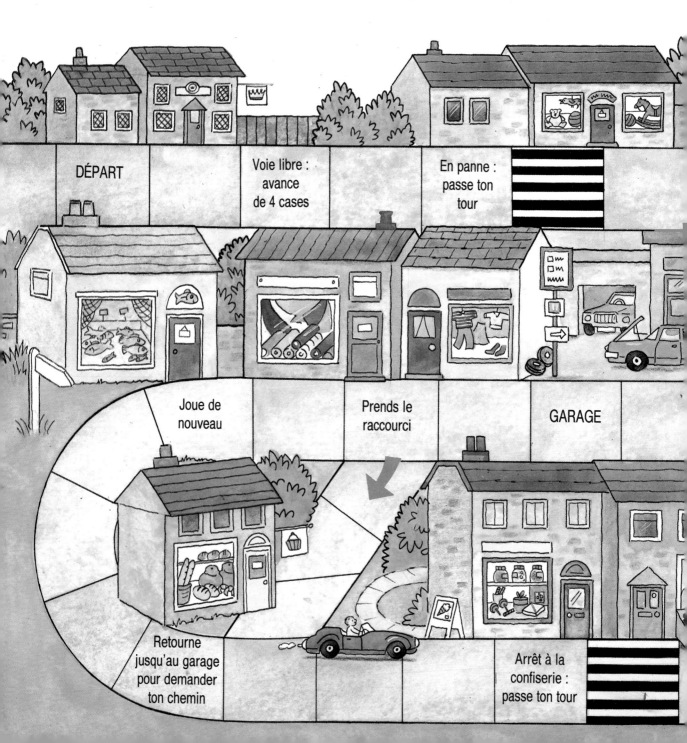

DÉPART

Voie libre :
avance
de 4 cases

En panne :
passe ton
tour

Joue de
nouveau

Prends le
raccourci

GARAGE

Retourne
jusqu'au garage
pour demander
ton chemin

Arrêt à la
confiserie :
passe ton tour

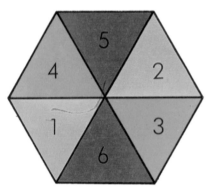

JEU DE LA CIRCULATION

Dessine soigneusement cette forme géométrique sur du carton,
et peins les triangles de la couleur des feux de circulation.
Fixe une allumette brûlée au milieu et fais tourner le disque.

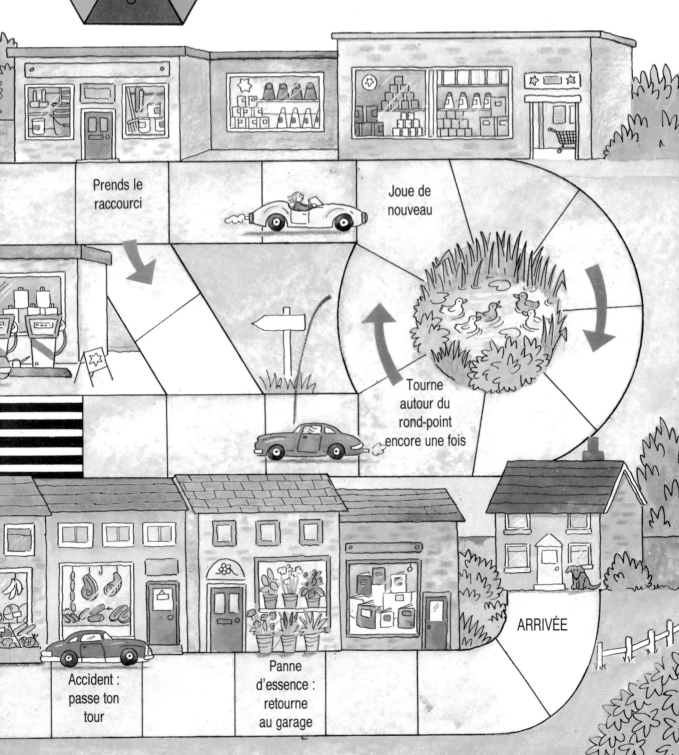

Prends le raccourci

Joue de nouveau

Tourne autour du rond-point encore une fois

Accident : passe ton tour

Panne d'essence : retourne au garage

ARRIVÉE

C'EST LA FÊTE

Un jour par an, c'est ton anniversaire ! Et tous les autres jours de l'année, c'est forcément l'anniversaire de quelqu'un d'autre sur Terre... Pourquoi ne pas en profiter pour faire la fête ?

Envoie donc des invitations à tes amis. Commence par fabriquer des chaînes en papier, un appétissant buffet ; achète un paquet de ballons et organise ainsi l'anniversaire de « Quelqu'un » !

Pour faire une chaîne en papier, découpe des bandes de papier adhésif et accroche-les les unes aux autres.

LE VILLAGE

Pour réaliser ces maisons, il te faut des boîtes d'allumettes – des petites et des grandes. Si tu veux construire des maisons plus grandes que sur l'image, il te faut aussi beaucoup de papier cartonné, de la peinture et de la colle.

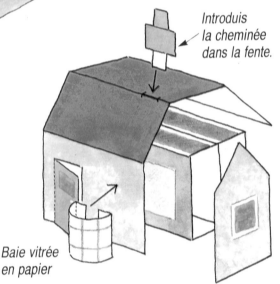

Introduis la cheminée dans la fente.

Baie vitrée en papier

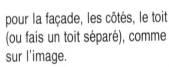

Toit séparé

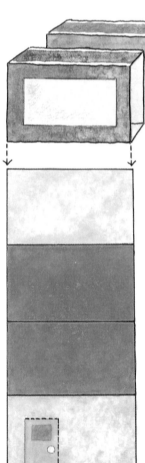

Porte à découper

UNE PETITE MAISON

Pour faire cette maison, colle 2 grosses boîtes d'allumettes ensemble. Découpe des morceaux de carton qui s'ajustent bien,

pour la façade, les côtés, le toit (ou fais un toit séparé), comme sur l'image.

Cette maison possède aussi un garage fait avec une petite boîte d'allumettes.

LA GARE

Donne au toit un bord à franges comme tu vois sur l'image. Que dirais-tu d'une pendule peinte sur la façade ? Pose la boîte sur un socle en carton. Les pots de fleurs proviennent de bouchons de tubes de dentifrice garnis d'un morceau d'éponge peinte pour imiter une plante.

LES BOUTIQUES

Construis une rue entière de magasins et peins sur les vitrines toutes les choses que tu aimerais acheter et, pourquoi pas, une enseigne à l'extérieur. Utilise une allumette pour suspendre l'enseigne.

Fixe une enseigne sur une allumette.

UNE GRANDE MAISON

Pose une boîte d'allumettes à la verticale pour faire cette grande maison.

Installe ton village sur un grand morceau de carton. Dessine les rues sur le sol, et fabrique des arbres et des haies avec des morceaux d'éponge peints en vert.

L'HEURE DE LA TOILETTE

Plus rien ne sera pareil désormais à l'heure du bain !
Pour réussir ce changement radical, il te faut une fine plaque
de mousse, des ciseaux, une aiguille, du fil et un feutre.

Dessine 2 fois le contour de ta main sur la mousse, couds
ensemble les 2 morceaux en laissant une ouverture en bas.
Retourne ensuite le gant à l'endroit. Utilise le reste de la
plaque de mousse pour faire les oreilles, les yeux, les bras
et les jambes.

29

LE XYLOPHONE

Prends 6 verres que tu remplis d'eau comme indiqué ci-dessous. Colle sur chacun une étiquette de 1 à 6 pour éviter de faire des « couac » dès le premier concert en public !

En suivant les nombres en bas de la page, joue l'air indiqué, et regarde si ton public le reconnaît.

1	2	3	4	5	6
Plein	3/4 plein	2/3 plein	Moitié plein	1/4 plein	Vide

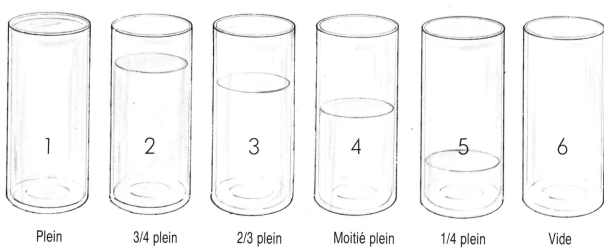

① ① ⑤ - ⑤ - ⑥   ⑥ - ⑤ | ④   ④   ③ - ③   ②   ② - ①
Ah ! Vous di - rai - je   ma - man | ce   qui   cau - se   mon   tour - ment

⑤ - ⑤   ④   ④   ③   ③ - ③ - ② | ⑤   ⑤ - ④   ④ - ③   ③ - ③ - ②
Pa - pa   veut   que   je   rai - son - ne | comme   u - ne   gran - de   per - son - ne

① ① ⑤   ⑤   ⑥   ⑥ - ⑤ | ④ - ④   ③   ③   ②   ② - ①
moi   je   dis   que   les   bon - bons | va - lent   mieux   que   la   rai - son